Celi Piernikarz
Marilucia Ramiro Gonçalves

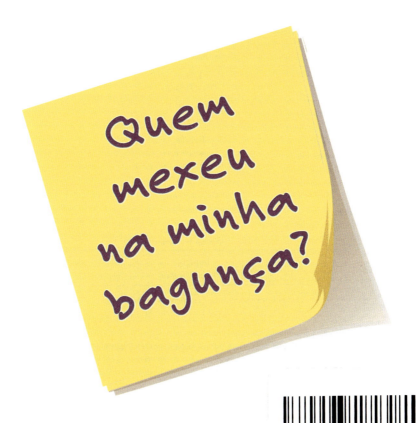

Quem mexeu na minha bagunça?

3ª edição
3ª reimpressão

© 2016 texto Celi Piernikarz
Marilucia Ramiro Gonçalves

© Direitos de publicação
CORTEZ EDITORA
Rua Monte Alegre, 1074 – Perdizes
05014-001 – São Paulo – SP
Tel.: (11) 3864-0111 Fax: (11) 3864-4290
cortez@cortezeditora.com.br
www.cortezeditora.com.br

Direção
José Xavier Cortez

Editor
Amir Piedade

Preparação
Isabel Ferrazoli

Revisão
Alessandra Biral
Alexandre Ricardo da Cunha
Gabriel Maretti

Edição de Arte
Mauricio Rindeika Seolin

Fotos e ilustrações
Fotolia by Adobe

Impressão
Bartira Gráfica

Dados Internacionais de Catalogação na Publicação (CIP)
(Câmara Brasileira do Livro, SP, Brasil)

Piernikarz, Celi
   Quem mexeu na minha bagunça? Celi Piernikarz; Marilucia Ramiro Gonçalves – 3. ed. rev. e ampl. – São Paulo: Cortez, 2016.

   ISBN 978-85-249-2502-3

   1. Comportamento – Modificação 2. Conduta de vida 3. Hábitos 4. Hábitos – Mudança 5. Hábitos saudáveis 6. Literatura juvenil I. Gonçalvez, Marilucia Ramiro. II. Título.

16-07526					CDD-028.5

Índices para catálogo sistemático:

1. Bagunça: Organização: Literatura juvenil   028.5
2. Hábitos: Mudança: Literatura juvenil   028.5

Impresso no Brasil – julho de 2024

A meus pais, Frida e David Gorodeski, sinônimos de amparo, de proteção, de orientação, de força, de sabedoria, de felicidade e de muito amor à vida. A meus filhos, Gabriela, Roberto e Gisele, que sempre participam, com muito amor e luz, de meu caminhar. A meus netos, Rafael e Gabriel, por todas as alegrias e por preencherem ainda mais meu coração de felicidade e realizações.

À minha irmã, Marly, e minha filha Gabriela, que hoje participam, na prática, do trabalho de organização (personal organizer).

A todos os amigos, colegas de trabalho (diretores, coordenadores, professores e psicólogos), alunos, pacientes e pais que fizeram parte de meu processo de amadurecimento de organização pessoal e profissional. Em especial à minha eterna grande amiga Stella Maris Bittencourt Gaya, que continua vibrando com muita luz e brilho onde estiver.

Por fim, faço dois agradecimentos especiais: a meu amigo e parceiro de trabalho Leo Fraiman, que sempre me incentivou e mostrou a importância de ter foco para realizar um sonho, e a Marilucia, minha parceira nessa jornada, por ter participado ativamente do projeto, organizando-o com competência e colocando em prática minhas ideias.

Celi

A meu pai, pelo amor e pelo carinho, e a toda a minha família, pelo apoio sempre incondicional. Um agradecimento especial a meu marido, Nilton, pelo incentivo, pelo apoio e pela parceria. A meus filhos, Luís Gustavo e Mariana, minhas fontes de energia e inspiração para seguir sempre em frente. Aos amigos, antigos e novos, que colaboraram para a realização deste projeto.

A Celi, que acreditou em mim e em meu trabalho, mostrando-me novos caminhos e, mais ainda, dividindo este projeto, que é tão dela. Com toda a certeza, ela se tornou uma pessoa muito especial em meu caminhar. E, finalmente, à minha mãe e ao meu irmão, Joaquim Carlos, que, agora em silêncio, tenho certeza de que continuam vibrando por mim.

Marilucia

Prefácio

Ao observar uma floresta, percebemos como é sábia a natureza. As espécies sobrevivem em conjunto e tudo tem o seu espaço. A natureza humana também é assim – somos plurais, cada um nasce com dons, habilidades, competências e necessidades. Alguns são mais organizados e sentem prazer de olhar os livros arrumados na estante, guardar as roupas de modo linear no armário, ter a mochila bem organizada para ir à escola ou o dinheiro bem controlado. Outros são mais bagunceiros mesmo. Adoram jogar as roupas pelo quarto e deixar para arrumar quando der vontade – isso se "der na telha", é claro! Tudo em nome da liberdade.

Há, porém, de se diferenciar a bagunça sadia daquela problemática. A primeira revela descontração, leveza, criatividade, espontaneidade. Ela é importante quando cozinhamos, quando estamos separando objetos, roupas e calçados para uma viagem, quando estamos criando algo. Mas há sérios problemas em manter-se em estado de bagunça vital, porque tendemos a guardar, com nossa bagunça, um monte de energia acumulada em coisas quebradas, sem uso e sem valor. Isso é antiecológico, anti-higiênico e antiprodutivo. Ao adotar uma forma desleixada de viver, nós nos sentimos sem valor e, ao final, nos percebemos parte de um todo que é feio e sem cuidado.

Nosso ambiente, nosso quarto, nosso armário e a forma como cuidamos do que temos são, em certo sentido, um reflexo do modo como nos sentimos por dentro. Da mesma forma como uma pessoa que está feliz se afasta das drogas e de hábitos nocivos, alguém que se ama sabe encontrar o delicado equilíbrio entre a descontração e o cuidado, entre ser bagunceiro em certos momentos e ser organizado para manter um padrão de higiene, saúde, limpeza, luz e amor. Sim, pois é preciso certa dose de autoestima para vencer a preguiça, a apatia, o "deixa pra lá" ou o "depois eu faço" e viver de forma organizada.

Este livro é uma forma de valorização do bem-viver, da vida que flui e na qual você encontra as coisas que quer, cuida do que é seu, realiza os objetivos a que se propõe e protege seu patrimônio. Uma vida assim nos aproxima da felicidade e da realização. Quando criamos hábitos sadios para nós, o mundo em que habitamos nos devolve uma maravilhosa sensação de liberdade para que sejamos pessoas melhores.

Permita-se mexer em sua bagunça. Experimente. Quem se ama se cuida. Quem se ama bagunça os próprios maus hábitos, pois sabe que mudar pode ser muito melhor que abandonar a si mesmo.

Leo Fraiman
Psicoterapeuta e especialista em Psicologia Educacional

Apresentação

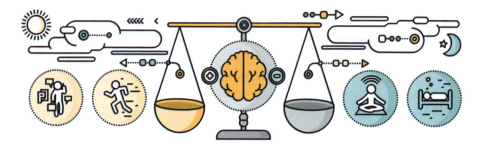

Assistimos, nas últimas décadas, a uma transformação meteórica em todo o nosso planeta. Tudo mudou: hábitos, formas de conduzir a vida e alguns valores. Mas há sentimentos e atitudes que se mantiveram intactos, como o bem que nos faz admirar a beleza da simetria nos jardins dos Campos Elíseos de Paris, a harmonia nas paredes decoradas com quadros bem dispostos, a rigorosa evolução da marcha nos desfiles militares, o ritmo e a cadência marcados com precisão nas escolas de samba, tudo passando inevitavelmente pela organização. Isso sem falar do Universo, que nos deslumbra, representado pela extrema perfeição.

Nossos ancestrais, tanto adultos quanto crianças, para organizar suas vidas, contavam com o auxílio de valetes, aias, depois de governantas. No início do século XX, essa função passou a ser exercida por esposas e mães. Normalmente, às crianças não era delegada essa obrigação, e elas só vinham a vivenciá-la bem mais tarde, quando adultas, pela referência e pelos modelos transmitidos pelos adultos.

A partir da década de 1960, começou-se a enfatizar, na educação, a autonomia e a livre iniciativa. Acompanhamos a transformação da sociedade com as mulheres adentrando o mercado de trabalho. Consequentemente, crianças e adolescentes ficaram à deriva em termos de harmonia e arrumação. Apesar de tudo, não há como negar que ainda agora um caderno limpo, com tarefas bem distribuídas e uma letra legível, é um "cartão de visitas" do aluno, assim como a aparência de um quarto ou de uma casa dizem muito da personalidade de seus habitantes.

Por isso, como educadora há muitos anos, considero corajosa e oportuna a iniciativa de as autoras Celi e Marilucia criarem um guia tão rico em detalhes sobre todos os quesitos indispensáveis para ordenar os grandes e pequenos espaços, que envolvem o cotidiano dos adolescentes, favorecendo a tão decantada autonomia e resgatando o modelo perdido ao longo dos anos.

Tenho certeza de que este livro surtirá um efeito norteador, porque, há anos, vi Celi utilizar os mesmos conceitos em sala de aula ao ensinar, de forma bem-humorada e criativa, os princípios dos 5S. Também fui testemunha dos benéficos resultados obtidos por ela.

O título do livro – *Quem mexeu na minha bagunça?* – diz bem do respeito à individualidade e à privacidade de cada pessoa. As estratégias nele propostas traduzem a convicção que norteia a educação de hoje, do aprender a aprender e do aprender fazendo.

Um aprendizado construído passo a passo pelo próprio indivíduo.

Neda Lian Branco Martins
Pedagoga e diretora de escola, autora do livro *Em busca da escola ideal*

Sumário

1. Por que precisamos nos organizar?   10
2. Por onde começar?   14
3. Organizando os estudos   20
4. Organizando a vida on-line   34
5. Organizando seu dinheiro   42
6. Organizando a alimentação   50

7. Organizando o quarto — 54

8. Organizando os valores — 64

9. Organizando as emoções — 70

10. Você mexeu em sua bagunça? — 76

11. Referências — 78

1. Por que precisamos nos organizar?

Você já precisou da carteirinha de estudante para ir ao cinema e ficou um tempão procurando por ela sem saber onde a havia colocado? Já fez um trabalho que ia salvar sua nota no final do bimestre e acabou perdendo as páginas antes de entregá-lo aos professores? Já passou mal na escola porque se atrasou e não tomou o café da manhã?

Se respondeu afirmativamente a alguma das perguntas anteriores, então sabe a raiva que temos de nós mesmos quando isso acontece. Situações como essas, no dia a dia, podem nos causar problemas e nos colocar em apuros; daí a importância da organização.

Quando nos organizamos, percebemos que ganhamos tempo e tudo fica mais fácil. Quer ver só? Pense naqueles programas de TV que mostram transformações de pessoas, de carros, de casas, com imagens de antes e depois. Agora imagine cada uma das situações citadas no início deste texto com um "depois", em que não há nenhum problema: você não perdeu o filme, porque sabia onde sua carteirinha de estudante estava;

conseguiu tirar uma boa nota, porque seu trabalho estava são e salvo em uma pasta dentro da sua mochila ou em um *pen drive*; aproveitou bem o dia, porque tomou café da manhã antes de sair de casa.

Você não precisa se tornar "escravo" da organização, isto é, não precisa fazer disso uma obsessão. Se aprender a se organizar, tudo ficará mais simples, mas não precisa se desesperar caso deixe algo fora do lugar ou se atrapalhe com a agenda. Afinal, uma pequena bagunça organizada não faz mal a ninguém.

Aprendendo com os japoneses

Você sabia que o Japão foi quase inteiramente destruído durante a Segunda Guerra Mundial (1939-1945) e hoje é um país rico e organizado? Sabe como os japoneses conseguiram reconstruir sua nação?

Logo após a guerra, ao perceber a necessidade de colocar o país em ordem, Kaoru Ishikawa (1915-1989) criou um programa chamado 5S (5 Sensos). Esse programa é usado até hoje nas casas, nas escolas e nas empresas do Japão e de muitos outros países.

Vamos conferir o que são os 5S?

1. **Seiri:** senso de utilização: separar o necessário do desnecessário.
   Às vezes, essa é uma decisão difícil, porque tudo parece necessário. Contudo, é preciso pensar que "necessário" é, por exemplo, apenas o material que realmente utilizamos para estudar. A partir desse critério, tudo o que estiver fora de seu local original de uso – como um DVD de *videogame* que está em sua mochila escolar – deve ser retirado.
2. **Seiton:** senso de ordenação: colocar cada coisa em seu lugar segundo critérios preestabelecidos.
   É preciso organizar os objetos de modo que eles possam ser encontrados rapidamente, se necessário. Para isso, pode-se adotar um entre vários critérios: separar os objetos por cor, por tamanho, por finalidade, entre outros, possibilitando uma forma prática de localizá-los.

3. **Seisou:** senso de limpeza: limpar e cuidar do espaço físico e dos objetos que utilizamos. A limpeza é fundamental. Devemos tirar o pó de móveis e objetos, varrer o chão, manter limpos o computador, os brinquedos e o material escolar. Com isso, eles vão durar mais tempo.
4. **Seiketsu:** senso de saúde: cuidar da saúde física e mental. Se aplicarmos bem os três sensos anteriores, certamente manteremos em ordem a saúde do corpo e da mente, pois tudo ficará limpo, arejado e organizado.
5. **Shitsuke:** senso de autodisciplina: praticar os quatro sensos anteriores. Significa tentar melhorar nossa atitude diária para pôr em prática tudo o que aprendemos sobre os demais sensos. Depois que começamos a fazer isso, tudo fica mais simples. Precisamos apenas nos condicionar para fazer desse comportamento um hábito diário.

Com os 5S, já sabemos como podemos organizar o quarto, a mochila e tudo aquilo de que precisamos.

2 Por onde começar?

Organizando seu tempo

Você já chegou ao fim de um dia pensando que havia planejado fazer tanta coisa e não conseguiu realizar nem a metade? Será que o dia passou rápido ou foi você quem não conseguiu organizar seu tempo para fazer tudo o que precisava?

Que tal começar a administrar melhor seu tempo com o auxílio de uma agenda? Nela você pode anotar as atividades programadas para cada dia da semana, registrando tudo aquilo que precisa fazer desde o momento em que acorda até a hora de dormir. Para ajudá-lo(a) nessa tarefa, apresentamos um modelo de agenda, para você preencher da seguinte maneira:

- Se toma café da manhã diariamente às 9 horas, pinte de amarelo todos os espaços correspondentes ao período de segunda-feira a domingo, nesse horário.

- Se vai para a aula de natação às terças e quintas-feiras, às 15h30, pinte de rosa os espaços correspondentes a esses dois dias, nesse horário.

- Faça o mesmo para distribuir as demais atividades.

- Para ampliar sua agenda, você pode copiar o modelo em um caderno ou bloco de anotações, reservando uma página para cada dia da semana de todos os meses do ano. Não se esqueça de copiar também a legenda.

- Lembre-se: para que o conteúdo da agenda funcione, você deve respeitar os horários de todas as atividades.
  Está pronto(a)? Então, vamos lá!

	S	T	Q	Q	S	S	D
7h00							
7h30							
8h00							
8h30							
9h00							
9h30							
10h00							
10h30							
11h00							
11h30							
12h00							
12h30							
13h00							
13h30							
14h00							
14h30							
15h00							
15h30							
16h00							
16h30							
17h00							
17h30							
18h00							
18h30							
19h00							
19h30							
20h00							
20h30							
21h00							
21h30							
22h00							
22h30							
23h00							
23h30							
24h00							

Legenda

■ **Alimentação:** café da manhã, almoço, jantar e lanches.

■ **Estudo em casa:** tarefas, trabalhos, leituras, entre outros.

■ **Escola:** aula normal e demais atividades dentro da escola.

■ **Horas de sono**

■ **Descanso:** assistir à TV, ler um livro ou revista, jogar, entre outros.

■ **Lazer:** usar o computador (MSN, redes sociais etc.), passear com a família ou com os amigos, ir ao cinema, ao *shopping center*, entre outros.

■ **Hábitos de higiene:** banho, escovar os dentes, entre outros.

■ **Família:** visitar a casa dos avós, de parentes, entre outros.

■ **Atividades extraclasse:** curso de inglês, futebol, *skate*, entre outros.

■ **Cuidados com a casa:** lavar a louça, tirar o pó, varrer etc.

■ **Remédios:** inclua esse item na agenda caso utilize algum medicamento de uso diário.

Atividade

Vamos refletir sobre o que aconteceu depois de uma semana de uso da agenda que você elaborou?

- Conseguiu verificar em quais atividades gasta mais seu tempo?
- Descobriu por que não está sobrando tempo para tudo o que você precisa fazer?
- Considera que o tempo que gasta com cada atividade está satisfatório?
- Está alcançando todos os objetivos?
- Está conseguindo melhorar tudo o que é possível?

Escreva aqui as suas impressões ao avaliar sua agenda.

_____

_____

_____

_____

_____

_____

_____

_____

_____

_____

Agora, peça que um(a) amigo(a) ajude você a analisar o modo como está administrando seu tempo. Depois, mostre sua agenda a um familiar e solicite que opine sobre ela.

- Será que faz mesmo tudo do jeito que indicou na agenda?
- Será que se esqueceu de registrar alguma coisa?
- De acordo com as pessoas que analisaram sua agenda, em que você acaba gastando mais seu tempo?

Algumas dicas para planejar melhor seu tempo

1. Não confie apenas em sua memória. Siga sempre sua agenda, pois ela vai ajudar você a se organizar.
2. Faça um balanço das atividades realmente importantes e concentre-se nelas.
3. Se, em sua agenda, houver várias atividades relevantes, peça ajuda a um amigo, aos professores ou a seus pais para realizá-las.
4. Foque no que está fazendo, obedecendo à ordem: começo, meio e fim. Não deixe nada para finalizar depois.
5. Preste atenção para fazer tudo o que programou com qualidade.
6. Equilibre as atividades que precisa realizar, respeitando o tempo de sono, de estudo e de lazer.
7. Aprenda a dizer "não" quando realmente não puder ou não quiser fazer algo. Você não vai deixar ninguém triste com essa atitude. Assim, se um amigo pedir-lhe que entre nas redes sociais da internet no momento em que estiver fazendo a lição de casa, diga-lhe que não pode. Simples assim!
8. Em breve, você será responsável por sua vida pessoal e profissional, então comece a se organizar desde já. Pare de culpar as outras pessoas por seus atrasos e por sua falta de tempo. Programe o relógio do celular para despertar em determinado horário e acorde sozinho. Treine para o futuro, pois, muitas vezes, você terá de cumprir horários.
9. Reserve uma parte do tempo para si mesmo(a). Pare para refletir, para ter ideias.
10. Lembre-se: ter disciplina é fundamental para controlar sua agenda.

3 Organizando os estudos

Como estudar?

Saber estudar é uma condição indispensável para alguém ser bem-sucedido na vida escolar. Por isso, gostaríamos de propor um desafio: colocar em prática tudo o que aprender. Lembre-se: quem é organizado tem tempo para tudo.

Em seu livro *Aprendendo a inteligência*, Pierluigi Piazzi, conhecido como professor Pier, estudioso do comportamento do cérebro na hora do estudo, mostra que é indispensável "estudar fazendo". Segundo ele, nunca se deve estudar sem ter ao lado um lápis e uma folha de papel.

O ato de escrever permite maior fixação do conteúdo estudado. Mas atenção: digitar não é escrever! De nada adianta fazer resumos no editor de textos; eles ficarão gravados no HD do computador, e não em sua memória. Então, como adquirir mais conhecimento? De acordo com o professor Pier, o processo funciona da seguinte maneira:

- Você entende o assunto explicado pelos professores no colégio.
- Você aprende estudando em casa, ao executar uma tarefa ou fazer uma lição, um trabalho ou uma pesquisa.
- Enquanto está no estágio de sono profundo, seu cérebro fixa todo o aprendizado do dia.

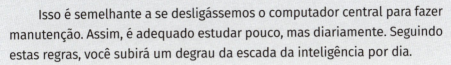

Isso é semelhante a se desligássemos o computador central para fazer manutenção. Assim, é adequado estudar pouco, mas diariamente. Seguindo estas regras, você subirá um degrau da escada da inteligência por dia.

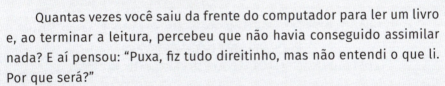

Se escuto, eu esqueço! – na escola

Se vejo, eu entendo! – na escola

Se faço, eu aprendo! – em casa

Para entender bem uma leitura

Quantas vezes você saiu da frente do computador para ler um livro e, ao terminar a leitura, percebeu que não havia conseguido assimilar nada? E aí pensou: "Puxa, fiz tudo direitinho, mas não entendi o que li. Por que será?"

Para tentar descobrir por que isso ocorreu, vamos refletir sobre dois pontos importantes:

1) Você se esqueceu de "estudar fazendo", não é? Lembre-se das palavras do professor Pier: "assimilamos um conteúdo muito melhor quando escrevemos sobre ele".
2) Provavelmente você leu o capítulo, mas não extraiu dele as ideias principais, certo?

A pedagoga Gabriela Lian Branco Martins, diretora do Colégio Horizontes Uirapuru, em São Paulo, utiliza uma técnica de leitura e síntese chamada OTI (Organização do Trabalho Intelectual). Ela foi desenvolvida há anos no colégio para ajudar os alunos a compreenderem um texto didático. Observe na página seguinte como funciona:

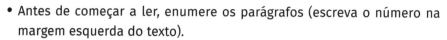

- Antes de começar a ler, enumere os parágrafos (escreva o número na margem esquerda do texto).
- Leia o texto até o final.
- Realce a ideia principal de cada parágrafo, isto é, tudo aquilo que estiver relacionado ao título. Não é necessário destacar repetições, exemplos, preposições, artigos, entre outros.
- Dê um título a cada parágrafo, como se fosse um texto isolado. Como os parágrafos enfatizam a mesma ideia de formas diferentes, poderá haver coincidência de títulos em parágrafos distantes.
- Em uma folha de papel, escreva o título do texto, o título do parágrafo e, em seguida, o que destacou. Faça uma síntese do texto usando chaves ou tópicos.

Atenção: como provavelmente você usou o mesmo título para parágrafos diferentes, o conteúdo deles deverá ficar junto na síntese.

- Depois de elaborar a síntese, releia tudo. Retorne a cada título e formule perguntas sobre ele. Ao responder a essas perguntas, você vai reconstruir o texto de acordo com seu entendimento.
- Em toda leitura que fizer, anote as palavras desconhecidas e procure o significado delas em um dicionário.

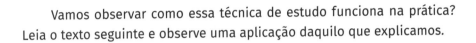

Vamos observar como essa técnica de estudo funciona na prática? Leia o texto seguinte e observe uma aplicação daquilo que explicamos.

TEXTO

MAMÍFEROS

[Caracacterísticas] 1. A principal característica dos mamíferos é mamar enquanto são filhotes. Para isso, as fêmeas possuem glândulas mamárias, que produzem o leite.

[Caracacterísticas] 2. Outra característica é ter pelos no corpo, que protegem o animal contra o frio ou formam uma camada dura e protetora contra o ataque de outros animais.

[Alimentação] 3. Os mamíferos podem ser onívoros (que comem de tudo), herbívoros (que se alimentam exclusivamente de plantas) ou carnívoros (que comem carne).

[Caracacterísticas] 4. A temperatura do corpo de um mamífero está sempre constante. Eles são homeotérmicos.

[Habitat] 5. A grande maioria dos mamíferos vive na terra, mas há algumas variações: baleias, focas, golfinhos, que vivem na água e cujos membros têm a forma de remos, para facilitar a natação, e morcegos, cujos braços têm a forma de asas. Os morcegos são os únicos mamíferos que voam como as aves.

[Ser humano] 6. Os macacos pertencem ao grupo dos mamíferos. Já faz muito tempo que os cientistas observam as semelhanças entre os primatas e os seres humanos. Por isso, incluíram o ser humano no grupo dos mamíferos, com os macacos. De fato, na infância, nós nos alimentamos com o leite materno e temos pelos espalhados pelo corpo, características dos animais que fazem parte desse grupo.

SÍNTESE

Mamíferos

Características
- fêmeas possuem glândulas mamárias
- mamam quando filhotes
- cobertura
  - pelos no corpo: protegem contra o frio
  - camada dura: protege de outros animais
- homeotérmicos: temperatura sempre constante

Alimentação
- onívoros: comem de tudo
ou
- herbívoros: comem plantas
ou
- carnívoros: comem carne

Habitat
- terra: a maioria deles
- água: baleias, golfinhos e focas
- ar: morcegos

Ser humano
- mamífero por semelhança com o macaco
- mama quando filhote
- possui pelos no corpo

Essa técnica vai ajudar você não só a estudar para a avaliação, mas também a selecionar em um texto as informações relevantes. Se aplicá-la antes das aulas, por exemplo, vai conseguir entender melhor a explicação dos professores e, com isso, poderá participar com mais segurança das atividades em sala. Por isso, faça dessa prática um hábito.

Outras dicas importantes no momento de estudar em casa

- Estude em um cômodo da casa onde haja uma escrivaninha ou mesa de estudos, além de iluminação adequada.
- Tenha em mão alguns materiais de trabalho, como lápis, canetas, réguas, entre outros.
- Registre na agenda a lista dos materiais necessários para realizar os trabalhos solicitados. Anote também a lista dos livros paradidáticos que terá de ler ao longo do ano.
- Retire da mesa de estudos ou da escrivaninha tudo o que não tiver relação com o que precisa estudar.
- Não estude deitado(a). Nessa posição, você fica muito relaxado(a), o que torna difícil manter a atenção.
- Mantenha o foco no que estiver estudando.
- Estipule um tempo para ficar só estudando. Pode ser meia hora, 1 hora... O importante é concentrar-se nos estudos no período determinado.
- Quando realizamos muitas atividades ao mesmo tempo, acabamos não conseguindo fazer nada direto. Por isso, depois de estudar por cerca de 1 hora, faça uma pausa e mude de ambiente ou de atividade: mexa no computador, no celular, no *videogame*, entre outros exemplos. Assim, não perderá o foco tão facilmente e ainda conseguirá ter alguns momentos de lazer.

Como melhorar a forma de estudar?

- Estude compreendendo o conteúdo. Para isso, utilize os métodos sugeridos no início do capítulo pelo professor Pier e pela professora Gabriela.
- Comece a estudar pela matéria mais difícil e depois vá para aquelas nas quais você tem mais facilidade.
- Estude com vontade de aprender. Foque no momento do estudo e tenha em sua mente que você só cresce quando aprende.
- Treine sua capacidade de prestar atenção ao conteúdo. Dedique algum tempo ao estudo diário. Nesse período, não se disperse.
- Conheça bem os termos específicos de cada matéria. Sempre que houver uma palavra que lhe pareça estranha ou cujo significado lhe é desconhecido, procure-a em dicionário, na internet, ou peça que alguém lhe explique o que quer dizer. Isso melhora o vocabulário e ajuda a entender melhor o conteúdo estudado.

Na hora de fazer avaliações e apresentar trabalhos escolares

- Solicite aos professores as datas das avaliações e dos trabalhos. Elabore um calendário e coloque-o em seu quarto, em um lugar visível. Se preferir, cole-o na agenda, ou use um aplicativo específico para isso.
- Procure manter a calma para não se esquecer do que estudou. Assim, seu desempenho no momento da avaliação ou na apresentação do trabalho será melhor.
- Lembre-se de que, se a matéria for estudada no mesmo dia em que for aprendida, você já estará estudando para a avaliação. O que estuda fica armazenado para sempre. Mas, se achar melhor, na véspera, apenas reveja a matéria estudada.
- Lembre-se de que a avaliação / o trabalho é uma oportunidade de mostrar o que aprendeu.
- Leia o conteúdo com atenção antes de responder às questões propostas. Responda primeiro àquelas relacionadas aos conteúdos que você já conhece.
- Procure dividir bem seu tempo na hora de responder às questões da avaliação ou apresentar o trabalho aos colegas.

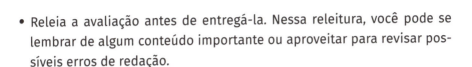

- Releia a avaliação antes de entregá-la. Nessa releitura, você pode se lembrar de algum conteúdo importante ou aproveitar para revisar possíveis erros de redação.

Organizando o trabalho em grupo

O trabalho em grupo possui uma importância fundamental na vida do aluno. Você sabe por quê? Porque é ele que lhe dará base para muitas habilidades que precisará desenvolver durante toda a vida.

Vamos conferir algumas dessas habilidades:

- estudar o conteúdo da disciplina dada;
- aprender a avaliar diferentes possibilidades;
- tomar decisões;
- conviver com pessoas diversificadas;
- praticar a troca de experiências;
- respeitar o outro;
- aumentar a autocrítica;
- lidar com conflitos e problemas;
- aprender a ouvir a opinião dos demais;
- desenvolver a argumentação.

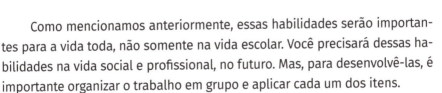

Como mencionamos anteriormente, essas habilidades serão importantes para a vida toda, não somente na vida escolar. Você precisará dessas habilidades na vida social e profissional, no futuro. Mas, para desenvolvê-las, é importante organizar o trabalho em grupo e aplicar cada um dos itens.

Entretanto, muitas vezes, o que acontece no trabalho em grupo não é bem assim, certo? Geralmente o grupo divide o trabalho, cada um faz uma parte e depois todos juntam as partes e entregam o trabalho. Assim, além de os integrantes não desenvolverem as habilidades possíveis, o trabalho final muitas vezes não atinge o resultado esperado, nem satisfatório.

Dicas de como organizar o trabalho em grupo

- **Formar o grupo:** é muito importante se entrosar com todos os integrantes. Às vezes, é fundamental mudar os participantes para conhecer as diferenças de cada um. Para um trabalho, não é necessário ser o "melhor amigo", mas é importante que respeite o colega, entenda as diferenças e descubra as qualidades desse "novo colega" que antes você talvez não conhecesse. Alternando os grupos, revezam-se os papéis. Por exemplo, aqueles que são tímidos em um grupo podem se tornar líderes em outro.
- **Planejar o trabalho:** é fundamental que o grupo discuta como será o trabalho, como definir o conteúdo de acordo com o solicitado, bem como de que forma será feita a apresentação.
- **Dividir tarefas:** é importante não separar os temas nem deixar que cada um faça sozinho. Cada componente do grupo deve pesquisar sua parte do tema e discutir com os demais os resultados da pesquisa.
- **Definir prazos:** é essencial estabelecer prazos para cada fase do trabalho (organograma), programar reuniões com todos do grupo, e todos devem participar de cada fase.
- **Argumentação de ideias:** é importante que cada integrante do grupo expresse sua opinião, e os demais devem respeitar a opinião dos colegas.

A participação dos professores é muito importante no andamento do trabalho. Não se importe em pedir a ajuda e a opinião deles sobre o que está sendo feito.

Elaborar uma ficha de acompanhamento do trabalho e autoavaliação dos componentes do grupo para discutir com os professores semanalmente.

Pesquisa

A pesquisa é a busca de esclarecimento para um fato desconhecido ou não.

Ao pesquisar determinado assunto, você adquire novos conhecimentos ou reformula conhecimentos já adquiridos, acrescentando outras informações. Além disso, é um momento que pode ser aproveitado para crescer ainda mais intelectualmente.

Embora a pesquisa seja sempre embasada em dados técnicos, você pode buscar fontes diferentes enquanto faz o trabalho.

Dicas para uma boa pesquisa

- Procure acessar *sites* que apresentem informações confiáveis sobre a matéria pesquisada.
- Sempre consulte mais de uma fonte e compare os conteúdos para decidir qual é mais relevante para o seu trabalho.
- Nunca faça um trabalho de "copie e cole". Se agir assim, além de não aprender nada, isso deixará claro para seus professores que você não fez a pesquisa direito.

Organizando o caderno

Com o caderno organizado, fica mais fácil estudar, e as chances de você se sair bem nas avaliações aumentam. Para organizar o seu, observe as dicas seguintes:

- Mantenha as matérias sempre completas e escritas em letra caprichada.
- Com uma caneta vermelha, faça um traço para indicar o final de um tópico ou de uma lição.
- Tenha cuidado ao fazer as revisões coletivas do conteúdo, pois seus colegas podem se enganar e dar respostas erradas. Após a apreciação dos professores, registre no caderno as respostas corretas.

29

- Não deixe espaços desnecessários.
- Use uma única cor (azul ou preta) para escrever e as demais cores para a revisão coletiva e os traços no final dos tópicos / lições.

Vamos ler?

Você já deve ter ouvido alguém dizer que a leitura pode levar a lugares maravilhosos. Deve ter escutado também que, pela leitura, pode melhorar seu vocabulário, sua capacidade de pensar, entre outros exemplos.

Mesmo sabendo de tudo isso, você não consegue ler um livro? Então vamos dar algumas dicas para você adquirir gosto pela leitura e descobrir que tudo o que dizem é verdade.

Com o tempo, a leitura vai se tornar um hábito, como escovar os dentes, tomar banho ou dar uma olhada no que está acontecendo nas redes sociais.

Vamos lá, experimente!

- Procure ler livros sobre assuntos de seu interesse: carros, moda, jogos, esportes, dança... enfim, algo que tenha a ver com você.
- Na hora de ler, valem livro, revista, catálogo, quadrinhos – o importante é ler algo prazeroso.
- Leia um pouco por dia (podem ser dez minutos). Assim, você terá prazer em ler, e não vai ficar cansado. Aos poucos, esse tempo vai aumentar naturalmente.
- Leia sempre que puder: no ônibus, no carro, no metrô, no trem, no banheiro, enfim, em qualquer lugar, sempre que possível.

- Quando acabar o que estiver lendo, inicie outra leitura. Se quiser, pode escolher um assunto diferente.
- Lembre-se de manter uma boa postura na hora da leitura, para evitar problemas na coluna.
- Procure sempre ler em locais bem iluminados para não comprometer a visão.

Organizando o espaço de estudo

Além de organizar a forma de estudar, você precisa cuidar do espaço de estudo. Reserve um dia da semana para fazer isso e siga estes passos:

- Retire da mesa tudo o que não for importante ou não tiver relação com os estudos (*games*, CDs, revistas em quadrinhos, entre outros).
- Deixe à mão os livros e os cadernos referentes ao ciclo que estiver cursando e também objetos de uso cotidiano, como porta-lápis, porta-clipes, porta-papéis, estojos, réguas, borrachas, lápis, canetas, entre outros.
- Guarde em uma pasta todos os papéis "soltos": redações, avaliações, trabalhos, entre outros. Mas não todos. Escolha apenas os melhores e aqueles de que você mais gosta e descarte os demais.
- Pendure próximo à mesa um quadro no qual você possa colocar lembretes sobre os horários das aulas, as lições, os trabalhos, as pesquisas, entre outros exemplos.

Organizando a mochila

Diariamente, você precisa levar para a escola uma infinidade de materiais: cadernos, livros ou apostilas, estojo, carteira, agenda, tudo dentro da mesma mochila! Que tal organizá-la para encontrar todos esses objetos com mais facilidade?

Para isso, vamos aplicar os 5S, apresentados no início deste livro.

1) **Senso de utilização**: primeiro, retire da mochila todo o conteúdo dela. Separe o que não possui relação com os estudos (revistas, CDs, *games*, figurinhas, papéis usados, entre outros). Só deve ficar na mochila aquilo que você realmente usa na escola, por exemplo, cadernos, livros ou apostilas, estojo, agenda, entre outros.

2) **Senso de ordenação**: guarde tudo o que vai usar na hora de estudar, arrumando o material.
   - Ponha aquilo que você usa mais no bolso externo da mochila. Assim, fica mais fácil de pegá-lo.
   - Na parte interna maior, organize os cadernos por tamanho.
   - Cuidado para não fazer dobras (orelhas) que estraguem os livros, as apostilas e os cadernos.
   - Se costuma levar o lanche na mochila, coloque-o em um recipiente apropriado e em um dos bolsos externos. Desse modo, você evita acidentes que possam estragar o seu material.

3) **Senso de limpeza**: conserve a mochila sempre limpa.

4) **Senso de saúde**: não deixe a mochila muito pesada. Carregar excesso de peso nas costas diariamente pode causar lesões graves na coluna vertebral e sérios problemas de postura.

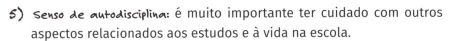

5) **Senso de autodisciplina:** é muito importante ter cuidado com outros aspectos relacionados aos estudos e à vida na escola.
- Lembre-se de checar a agenda todos os dias, para evitar esquecer algum material, trabalho ou avaliação.
- Se usa uniforme, mantenha-o sempre limpo e em ordem (sem rasgos ou furos, com a barra por fazer, entre outros exemplos). O uniforme é uma forma de identificação, em caso de necessidade.

Agora que você já aprendeu a organizar seus estudos, inicie a atividade.

Atividade

Escreva um *e-mail* para um amigo que não leu neste livro as orientações sobre como estudar melhor. Na mensagem, dê-lhe cinco dicas que você aprendeu sobre como se organizar na hora dos estudos.

4 Organizando a vida on-line

Hoje é difícil pensar em estudo, aprendizado e mesmo diversão sem se lembrar de tecnologia. Afinal, *notebooks*, *smartphones* ou *tablets* fazem parte de nosso dia a dia, seja na escola, seja em casa, seja nos momentos de lazer. Assim, uma vida "tecnológica" também deve ser organizada.

Você já procurou um arquivo de um trabalho da escola e não o achou em seu *notebook*? Já tentou encontrar um aplicativo no meio daqueles muitos que você tem e levou muito tempo para encontrá-lo?

Para que isso não aconteça, é importante cuidar da organização de seus equipamentos, para que tenham mais tempo de vida útil e para que possuam sempre um espaço necessário para outros aplicativos, fotos e vídeos.

Organizando arquivos, pastas, aplicativos

Da mesma forma que cuida de seu quarto, organiza o guarda-roupa e as gavetas, você deve cuidar de sua vida tecnológica. Assim, como nas gavetas em que separa as roupas por tipo de peças – meias, camisetas de verão, camisetas do uniforme, entre outros –, em seu *notebook* ou no *smartphone*, você também pode guardar seus arquivos ou aplicativos em pastas.

Você deve ter vários arquivos de trabalhos da escola, não é? Então, para que não fiquem soltos, abra uma pasta e guarde-os nela. Exemplo: "Trabalhos escolares": essa pasta pode ser dividida em várias subpastas, como: Trabalhos de Inglês, Trabalhos de História, entre outras. Você pode salvar seus arquivos também nas nuvens, que é um armazenamento como os outros, só que *on-line* / virtual. O limite de espaço de armazenamento dos arquivos pode variar, e você pode acessar esses dados em qualquer computador, *smartphone* ou *tablet*. Como exemplos há o Google Drive e DropBox.

O mesmo pode ser feito com as fotos, os vídeos, entre outros. Tudo organizado e separado, com a descrição do que se trata, deixa a navegação e a procura muito mais rápidas.

Há aplicativos de organização que podem ajudá-lo(a) nas tarefas escolares. Nesses aplicativos, você pode acondicionar desde suas tarefas para o dia seguinte e o calendário, até as metas de notas.

Pesquisando na internet

Com certeza, sua maior fonte de pesquisa para trabalhos e avaliações é a internet. Apesar disso, nem todas as informações presentes na rede são confiáveis.

Pense nisto: quando pedem que os alunos façam uma pesquisa, os professores estão lhes proporcionando a oportunidade de adquirir uma série de aprendizados. Eles não querem um simples "copiar e colar". Essa é uma chance de você definir critérios de pesquisa pela qualidade e pela importância do assunto. Também é uma forma de interpretar os textos lidos e, principalmente, de formar sua opinião sobre determinados assuntos a partir da pesquisa realizada. Parece complicado, não? Mas, acredite, é muito fácil e muito melhor para seu aprendizado. Siga as dicas e você verá como a pesquisa será muito mais produtiva.

- *Organize-se para chegar à pesquisa ideal para seu trabalho.* Comece lendo com muita atenção o que foi pedido pelos professores, para que você possa compreender qual a linha do assunto que eles querem. Por exemplo, os professores pedem um trabalho com título: "Celular na escola". Observe exatamente qual é o objetivo deles para esse trabalho. Se querem saber se é bom ou não usar o celular na escola, como pode ser esse uso, entre outros exemplos.

- *Depois, pesquise em diferentes sites.* O ideal é buscar em *sites* de instituições ligadas a educação, a grupos de pesquisa, a universidades, a jornais e revistas. Também é importante buscar livros e enciclopédias, impressos ou digitalizados. Procure opiniões diferentes sobre o tema, contra e a favor, e seus argumentos. Selecione os textos de que mais gostou e separe-os para depois usar. Nesse momento, não há problema de "copiar e colar", porque você vai fazer a seleção. Isso fica mais fácil quando já está tudo em um único lugar.

- *Enriqueça seu trabalho, pesquisando fora do ambiente virtual.* Vá até a biblioteca de sua escola, procure em livros diferentes dos que encontrou na internet. Você pode também conversar com os professores sobre o uso do celular na escola. Converse com alunos de outras turmas para ver se eles usam esse aparelho e como fazem, entre outros exemplos. Enriqueça seu trabalho com bonitas fotos ou ilustrações.

- Depois de pesquisar em diferentes fontes, você terá condições de produzir seu trabalho. Antes de começar a escrever, estruture o conteúdo do texto em: capa; sumário; desenvolvimento (fotos, imagens e ilustrações, se tiver); considerações finais; fontes.

  – Na introdução, você começa explicando do que se trata o trabalho, depois, desenvolve a ideia principal, usando informações encontradas em sua pesquisa.

  – Nas considerações finais, você colocará sua opinião sobre o assunto; reflita se o que pesquisou a respeito do tema mudou sua forma de pensar. Escreva a conclusão depois dessas perguntas que deve fazer para si mesmo(a). Nas fontes, é importante citar todos os *sites* e os livros usados no trabalho final.

  – Por último, faça o sumário (numeração das páginas) e crie uma capa, com o título do trabalho, seu nome e dos professores e uma imagem.

Dica

Para não se perder na busca, use o teclado a seu favor.

Aspas: escreva o que quer encontrar entre aspas. Por exemplo: se digitar "história do celular no Brasil", o resultado só trará páginas que trazem exatamente essa frase.

+ e –: Esses sinais tornam a busca certeira. Para achar duas palavras, use o + (experiências+tar). Para excluir algo, use o – (experiências-água).

Esqueceu? Use o asterisco (*) para completar uma frase. Vale para saber uma cidade (a capital da França é *) ou o nome de alguém (Carlos * de Andrade).

Fonte: http://www.universitario.com.br/

Estudando com a tecnologia

As redes sociais mudaram a maneira como as pessoas se relacionam com o mundo e com as demais pessoas; mas também, como tudo o que é em excesso, podem causar problemas. Aqui chamamos a atenção para o tempo gasto ao acessá-las, durante o dia, principalmente quando estamos estudando.

Com certeza, algumas vezes, você se preparou para estudar, organizou tudo o que iria precisar, sabia que tinha muito conteúdo para rever e lições para fazer. Mas, antes de começar, pensou em dar só uma olhada no Facebook e uma conferida no WhatsApp (coisa rápida!); mas eis que seu amigo começa a conversar e logo o grupo do futebol inteiro está trocando ideias sobre o jogo de sexta-feira. Pronto, o que seria uma "olhadinha rápida" levou mais de uma hora de seu tempo de estudo. Isso irá acarretar muito atraso em suas lições.

Cair nessa armadilha é muito fácil. Nesse momento, você precisa de foco; deve usar a internet somente para seu estudo, deixando as conversas e as redes sociais para os intervalos ou para depois que acabar tudo o que estava programado. Precisa se controlar para resistir, mas, depois de alguns dias de treinamento, tudo ficará mais fácil, acredite.

Algumas pessoas conseguem estudar melhor ouvindo música, outras precisam de silêncio; mas uma coisa é certa: todo mundo necessita de um mínimo de concentração para compreender o que está fazendo. É muito comum utilizar a internet para fazer trabalhos, pesquisas e mesmo acessar o portal do colégio para as lições. Aí, se não tiver alguns cuidados, você pode se dispersar e não se concentrar no estudo.

Assim, observe estas dicas, para não se perder com tanta tentação:

- Quando sair de suas redes sociais no computador, digite *log out* e desabilite a opção de entrar automaticamente. Assim, cada vez que quiser acessar o Facebook, por exemplo, terá de colocar o *login* e a senha.
- Desabilite as notificações de mensagens em tempo real no celular. Assim, não fica acompanhando tudo o que está chegando. Caso esteja fazendo um trabalho em grupo, via WhatsApp, não precisa sair do grupo para não visualizar outras conversas.
- Deixe na página inicial de seu computador um endereço de *site* que usa para estudar, por exemplo, o *site* de sua escola.
- Estipule um horário para acessar a internet em outros *sites* que não sejam os de estudo. Estabeleça um horário de entrada e também um para a saída.
- Use alarmes. Se controlar o tempo é complicado, utilize um cronômetro ou um alarme para dividir o período de estudo e de pausas.

Redes sociais

Redes sociais (Facebook, Instagram, WhatsApp, Twitter e outras redes) são realmente muito positivas, pois por elas mantemos contato com amigos, mesmo distantes. Também conseguimos compartilhar fotos, ideias, e interagir com o mundo. Elas são um ambiente muito interessante. Mas também podem ser algo perigoso quando não as usamos com cuidado e com certa disciplina.

Ao mesmo tempo que nos fazem interagir com o mundo, se não tivermos cuidado, podemos nos expor de forma inadequada. Sabemos que hoje é quase impossível não participar de algumas redes, mas há modos de fazer isso sem nos expor demais, nem passar muito tempo no ambiente virtual, tirando-nos do convívio com as pessoas e com a vida real. A seguir, estão algumas dicas de como você pode usar as redes sociais e se manter em segurança:

- *Cuidado com desconhecidos*: não adicione como amigos pessoas que você não conhece. Evite conversar com desconhecidos.
- *Evite o excesso de exposição*: não publique fotos em excesso, o endereço de onde você mora, o nome da escola em que estuda, dos lugares que frequenta, entre outros exemplos. Pense que, apesar de parecerem inocentes, certas informações podem ser usadas contra você, por pessoas mal-intencionadas.
- *Cuidado com as mensagens*: prejulgamentos e calúnias que expõem outras pessoas não devem ser repassados. Esse tipo de atitude pode causar sérios problemas. Antes de agir dessa forma, pense assim: "e se fosse comigo?"

Lembre-se: não é por que você está em um ambiente virtual que pode tudo. Respeite as pessoas, assim como no ambiente real.

- *Use o modo privado*: nas configurações das redes, há a possibilidade de escolha. Por exemplo, no Facebook, você pode optar por

permitir que somente as pessoas adicionadas como "amigos" visualizem suas postagens, suas informações pessoais e suas fotos.
- **Nunca compartilhe sua senha com ninguém**: quando entrar em uma rede social em um computador coletivo, faça *log out* para sair.
- **Não substitua o bate-papo e a troca de experiências pessoais pelo mundo virtual**: as redes sociais ajudam muito no contato com as demais pessoas, mas não podem substituir sua vida real. Use-as para marcar encontros com seus amigos, convidá-los para ir à sua casa, por exemplo.

Importante: se sua escola não permite o uso de celular, respeite essa norma e não leve esse aparelho em sua mochila.

Lembrete

Cuide de sua postura. Sente-se com a coluna reta e deixe o computador na altura dos olhos. Não fique horas seguidas na frente dele. Pratique outras atividades que lhe permitam alongar a coluna e distrair um pouco a mente. Quando estiver usando o *smartphone*, também preste atenção em sua postura. Ficar com pescoço abaixado por muito tempo poderá lhe causar problemas futuros nas costas.

5 Organizando seu dinheiro

Consumo x consumismo

A exposição aos apelos do mercado é cada vez maior. A propaganda, seja veiculada pela TV, seja pelas revistas, seja pela internet, entre outros tipos de mídia, influencia muito as pessoas na hora de comprar.

Consumir, entretanto, é algo sério que exige muita responsabilidade.

Você já pensou como seria se todo mundo comprasse tudo o que deseja? Será que nosso planeta aguentaria tal excesso? Sabe distinguir entre ser consumidor e ser consumista?

Observe o quadro seguinte:

Atitudes de um consumidor consciente	Atitudes de uma pessoa consumista
Antes de comprar um produto, pensa se é mesmo necessário, compara os preços das ofertas e a qualidade de cada item.	Compra tudo o que quer, sem pensar direito.
Avalia o impacto que o seu consumo pode ter no meio ambiente.	Acha que o mais importante é ter tudo o que deseja.
Acha que o mais importante é ter aquilo de que realmente precisa.	Nem sempre compra produtos realmente úteis.

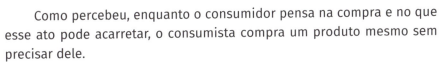

Como percebeu, enquanto o consumidor pensa na compra e no que esse ato pode acarretar, o consumista compra um produto mesmo sem precisar dele.

O consumista compra sem responsabilidade, de forma descontrolada, levando para casa mais do que precisa. Em geral, faz isso porque deseja possuir determinado produto ou copiar alguém que já o possui.

Uma boa maneira de evitar o consumismo é fazer uma lista de compras antes de ir para o supermercado, ou então conversar com os familiares antes de decidir comprar ou não um produto.

Além disso, você pode trabalhar os 5R:

- Reduzir o consumo.
- Reutilizar o que é comprado.
- Reciclar em vez de simplesmente jogar no lixo.
- Reformar.
- Refazer.

Mesada

Mesada é a quantia em dinheiro que alguns pais dão a seus filhos uma vez por mês para que aprendam a lidar com as finanças. Há também a semanada, versão reduzida da mesada, em que o dinheiro é dividido em quatro partes, cada qual entregue uma vez por semana.

Para ter dinheiro, contudo, é preciso educar-se e aprender a lidar com ele. E isso não se faz gastando todo o valor da mesada assim que o recebe. É muito importante poupar uma parte dele.

Quando escolhe economizar, você aprende a ter autocontrole, a tomar boas decisões, a ganhar a confiança de seus pais e a admiração dos amigos.

Além disso, aprende a lidar com os números e as operações matemáticas (somar, subtrair, dividir e multiplicar).

Os benefícios da mesada são inegáveis; além de ajudar a desenvolver o senso de responsabilidade, o ato de administrá-la ensina as pessoas como pode ser difícil fazer o dinheiro render quando não se tem controle dos próprios impulsos de consumo.

Poupança

É mais fácil poupar quando há metas, isto é, quando se sabe o que fazer com o dinheiro. Você pode, por exemplo, planejar a compra de um jogo, de um par de tênis especial, de um livro ou fazer um passeio bem legal.

Depois de determinar o destino de seu dinheiro, guarde parte dele em um lugar seguro (no banco, em um cofre, entre outros exemplos). Assim, poderá gastá-lo posteriormente, quando realmente precisar dele.

Uma excelente ideia é, por exemplo, dividir o valor da mesada; separe a parte que pretende guardar e coloque-a em um envelope intitulado "poupar". Depois, ponha a parte que planeja gastar em outro envelope, intitulado "gastar".

O bom e velho cofrinho é bastante útil. Ele vai ajudá-lo(a) a fazer escolhas, a ser paciente, a saber esperar e a ter maturidade. Quando escolhe poupar, você vence os próprios impulsos de consumo e experimenta uma sensação de alegria por saber que vai conseguir realizar seus sonhos. Além disso, conquista a liberdade de fazer o que quiser com o valor, muda de hábitos, aprende a viver com menos do que ganha.

Agora, pense e responda: o que é mais importante para ser uma pessoa próspera, possuir muito dinheiro ou saber usar aquele de que dispõe? Certamente, a segunda opção é a mais adequada. Assim como alguém pode ser pobre mesmo ganhando muito, é possível tornar-se rico mesmo ganhando pouco.

As pessoas podem ser ensinadas a poupar desde a infância. A repetição de ideias simples para a criança, sobre guardar um brinquedo para quando quiser brincar com ele novamente ou um pedaço do lanche para quando sentir fome, por exemplo, pode ajudá-la bastante no aprendizado de guardar dinheiro.

Caderneta de poupança e outras formas de guardar dinheiro

A caderneta de poupança é uma forma de economizar dinheiro por meio de depósito em conta bancária. O valor depositado rende um pouco todo mês e vai aumentando devagar por causa dos juros. A taxa dos juros que incidem sobre o dinheiro depositado varia a cada mês.

Peça ajuda a seus pais ou a um adulto e abra uma caderneta de poupança para depositar seu dinheiro. Para isso, escolha um banco confiável, de preferência um em que seus pais sejam correntistas.

Atualmente, há outras formas de guardar o dinheiro economizado, como aplicações e ações, fundos, entre outras. Tudo vai depender de como seus familiares preferem que isso seja feito. O importante é pensar no sonho que você quer realizar guardando suas economias e, a partir daí, seus pais ou responsáveis decidem a melhor forma de guardar seu dinheiro e fazê-lo render mais, enquanto está parado.

Doação

Todos nós podemos colaborar, mesmo que seja só um pouco, para melhorar a vida das outras pessoas. Para isso, podemos doar parte de nosso dinheiro a instituições de caridade ou organizações que defendam causas com as quais simpatizemos.

Entretanto, se sua mesada é pouca e você não pode doar nenhum centavo, não tem problema. O dinheiro não é o único tipo de doação – tempo e talento também podem ser doados. Basta saber se organizar!

Você pode, por exemplo, ajudar a cuidar do irmão mais novo, a carregar as compras do supermercado para outras pessoas, desenhar para um amigo que está triste ou ouvi-lo com atenção, bem como dar dicas de como usar o computador para alguém que não tem facilidade para usá-lo.

Salário

Quem está no mercado de trabalho recebe um valor em dinheiro pela atividade que executa. É com esse salário que o profissional mantém os gastos da casa onde mora, dos filhos, entre outros.

Por causa de sua idade, e pelo fato de ainda ser estudante, você não pode realizar trabalhos formais ou que tomem seu tempo integralmente.

Entretanto, pode realizar pequenos trabalhos que lhe rendam um pouco de dinheiro e, com isso, propiciar que seus sonhos sejam realizados sem pesar no orçamento de seus pais ou responsáveis.

Vamos pensar juntos? Há muitas opções de trabalho que rendem um pouco de dinheiro e não prejudicam os estudos. Você pode, por exemplo, vender para amigos e parentes alguns produtos, como cosméticos, camisetas, entre outros. Pode ainda fabricar e comercializar trabalhos manuais (bijuterias, enfeites, bombons, entre outros), dar aulas particulares, brincar com crianças em festas infantis, passear com o cachorro do vizinho, ajudar um parente durante as férias, entre outras atividades.

Sonhos

Todas as pessoas têm sonhos. Eles podem ser:

- **Não materiais:** são aqueles que não podem ser adquiridos, como ter muitos amigos, obter sucesso, ser saudável, entre outros exemplos.
- **Materiais,** que levam à realização dos sonhos maiores, conduzem à felicidade, ao sentimento de conquista. Entre eles, estão ter uma casa, um carro legal, fazer uma viagem a outros países, por exemplo.

Todos nós podemos realizar os sonhos, mas, para isso, devemos criar estratégias para chegar lá. Em primeiro lugar, é preciso definir quais são eles e qual é o tempo necessário para realizá-los.

Para você, que é adolescente, é importante que esses sonhos não levem muito tempo para ser realizados. Pode-se pensar em um sonho de curto prazo (três meses para realizar); sonho de médio prazo (seis meses para sua realização); ou o de longo prazo (um ano para ser concretizado).

Depois disso é necessário saber o valor dele e quanto de seu dinheiro você precisará guardar para que se torne realidade.

Para alcançar sua meta, é necessário ter disciplina e foco. Com certeza, conseguirá atingi-la e saberá como é o gosto da conquista própria.

O que é realizar pequenos desejos com o próprio esforço? Lembre-se de que pode conquistar o que quiser, mas não acredite que as coisas acontecem sem esforço e planejamento. Isso só ocorre na ficção.

Quanto mais cedo se começa a exercitar o hábito de administrar o dinheiro, mais fácil será mantê-lo vida afora. Quando aprende a economizar, seu dinheiro rende, sua vida financeira melhora e a realização de seus sonhos se torna possível.

Para isso, observe os passos a seguir:

1º) Diagnosticar: faça um mapa de sua vida financeira, anotando em uma planilha tudo o que você ganha e gasta. Assim, consegue saber aonde está indo seu dinheiro. Além disso, analise seus gastos e procure reduzi-los.

2º) Sonhar: a motivação aumenta quando temos um sonho, pois nos esforçamos para realizá-lo.

3º) Anotar: registre o sonho na planilha.

4º) Reservar: separe uma parte do dinheiro que você ganha para realizar esse objetivo.

5º) Depositar: guarde o dinheiro em uma caderneta de poupança ou invista em aplicações e ações, fundos, entre outras, para que renda juros.

Agora que já aprendeu a organizar seu dinheiro, vamos trabalhar com uma planilha de custos?

Atividade

Descreva aqui algumas informações para a realização de seu sonho:

Definição:_____

Valor:_____

Prazo para realização:_____

Valor que deverá guardar todo mês para realizá-lo:_____

Agora ponha todos os valores de seus ganhos e seus gastos na planilha financeira. Não se esqueça de separar a quantia de que precisará guardar para realizar seu sonho.

Orçamento mensal

Receitas/entradas	Jan.	Fev.	Mar.	Abr.	Maio	Jun.	Jul.	Ago.	Set.	Out.	Nov.	Dez
Mesada/semanada												
Trabalhos												
Presentes												
1. Receitas/entradas												
Despesas/saídas de dinheiro												
Descrição	Jan.	Fev.	Mar.	Abr.	Maio	Jun.	Jul.	Ago.	Set.	Out.	Nov.	Dez
Reserva para sonho												
Alimentação												
Lanche na escola												
Almoço/lanche fora da escola												
Outros												
Vestuário												
Tênis/sapatos												
Roupas												
Acessórios												
Outros												
Cuidados pessoais												
Maquiagem/cosméticos												
Outros												
Lazer												
Cinema/teatro												
Viagens/passeios												
Outros												
Diversão												
Jogos/*games*												
Outros												
Educação/cultura												
Livros/CDs/DVDs												
Outros												
2. Despesas/saídas												
Diferença 1 - 2 =												
Sobras/faltas												

6 Organizando a alimentação

A alimentação é muito importante para o adolescente, porque promove o desenvolvimento de seu corpo e lhe fornece combustível para as atividades do dia a dia. Por isso, para se tornar um adulto saudável, você precisa de uma alimentação sadia e equilibrada em qualidade e quantidade.

Atividade

Como é a sua alimentação diária? Copie o quadro seguinte em uma folha de papel e complete-o com os alimentos que você consome ao longo do dia.

Café da manhã	
Lanche da manhã	
Almoço	
Lanche da tarde	
Jantar	

Pirâmide alimentar

A pirâmide alimentar é um gráfico criado pela pesquisadora Sônia Tucunduva Philippi, da Universidade de São Paulo, em 1999, para ajudar as pessoas a seguirem uma dieta mais saudável. Com o passar do tempo, essa pirâmide foi sendo modificada para acompanhar as mudanças de nossa sociedade. Ela mostra como devemos privilegiar nossa alimentação ao longo do dia, respeitando nossa individualidade. Mas, além da alimentação, destaca também a necessidade de beber muita água durante o dia e praticar exercícios físicos.

Cada parte da pirâmide representa um grupo de alimentos e o número de porções diárias recomendadas. É preciso incluir na alimentação diária todos os grupos de alimentos recomendados para garantir os nutrientes de que necessitamos para nos desenvolver.

Os alimentos que podem ser consumidos em maior quantidade estão na base da pirâmide, ao passo que aqueles que precisam ser consumidos em menor quantidade estão no topo.

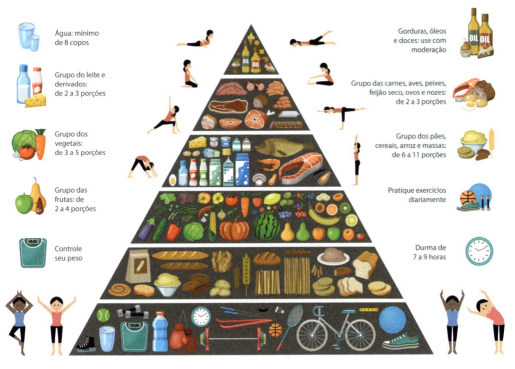

Dicas de hábitos de alimentação saudáveis[1]

- Beba muita água diariamente. Esse hábito é importante para hidratar e limpar o organismo das toxinas (sujeiras) que produzimos. As toxinas são eliminadas na forma de fezes, suor e xixi. Por isso, a água é essencial. E não adianta substituí-la por refrigerante, suco ou chá.
- Alimente-se cinco ou seis vezes ao dia. Coma no café da manhã, no almoço, no jantar e faça lanches saudáveis nos intervalos. Não pule as refeições.
- Se gosta muito, escolha apenas um dia da semana para consumir salgadinhos industrializados, refrigerantes, biscoitos recheados, lanches *fast-food*, alimentos de preparo instantâneo, doces, sorvetes ou frituras.
- Inclua mais frutas, verduras e legumes nas refeições. Eles são importantíssimos porque possuem um papel regulador em nosso corpo; ou seja, para que nosso corpo funcione adequadamente, precisamos de vitaminas e minerais.
- Faça seu prato misturando cinco cores de alimentos, por exemplo, o vermelho do tomate, o branco do arroz, o escuro da carne, o verde de legumes e verduras, o amarelo da laranja ou do mamão. Além de bonita, essa combinação é extremamente saudável.
- O consumo de cereais (por exemplo, arroz) é importante, pois eles são fontes de energia para nosso corpo, mas procure sempre privilegiar os alimentos que não foram processados, como aveia. Evite os refinados.
- Opte por inserir leite e seus derivados na porção diária, caso não seja alérgico(a) a lactose (açúcar encontrado no leite).
- Quando possível, procure fazer escolhas saudáveis nos lanches da escola e nos momentos de lazer.
- Diminua a quantidade de sal nos alimentos. Se possível, retire o saleiro da mesa.
- Evite a monotonia em sua alimentação diária. Procure variar o cardápio sempre. Experimente novos sabores.
- Se tiver dúvidas sobre sua alimentação, ou sobre seu corpo (em relação ao peso ideal), procure a orientação de um profissional de saúde. Só ele poderá ajudá-lo(a) de acordo com suas necessidades. O que é bom para uma pessoa poderá não ser para você. Não corra riscos desnecessários.

[1] Colaboração de Juliana Trevilini, nutricionista funcional.

Atividade

Elabore outro cardápio, registrando as mudanças em seus hábitos alimentares, após as dicas seguintes.

- Café da manhã
- Lanche da manhã
- Almoço
- Lanche da tarde
- Jantar

Outras dicas para manter a saúde

- Faça pelo menos trinta minutos de atividade física todos os dias. Você pode dançar, andar de bicicleta, praticar algum esporte. O importante é se movimentar!
- Não coma assistindo à TV, nem apressadamente. Mastigue bem os alimentos.
- Não fique muito tempo sem comer; alimente-se a cada três horas.

7 Organizando o quarto

Dê uma boa olhada em seu quarto: tem muita coisa fora do lugar? Será que esse local pode ficar mais arejado? Vamos pensar um pouco:

- se houver menos coisas jogadas no chão, você terá mais espaço para se locomover ou até dançar;
- se houver menos objetos sobre a mesa do computador ou sobre a escrivaninha, você não vai ter de driblar "obstáculos" para usar a internet ou fazer sua lição de casa;
- se cada objeto estiver no lugar apropriado, você vai perder menos tempo procurando por eles quando precisar. Seu quarto é o lugar da casa onde passa a maior parte do dia, certo? Então, precisa aplicar os 5S nele para poder aproveitar muito bem esse tempo, fazendo somente aquilo de que gosta: estudar, assistir à TV, jogar *videogame*, dançar com os amigos, entre outras atividades.

Pegue a câmera fotográfica ou seu celular e tire algumas fotos de seu quarto como ele está hoje. Guarde essas fotos ou mostre-as para os seus colegas, se quiser.

Depois, quando o quarto estiver arrumado, tire outras fotos e compare com as primeiras.

Vamos ver se há muita diferença entre o "antes" e o "depois"?

Sua cama

Uma cama bem arrumada é o ponto de partida para deixar o quarto mais organizado. Por isso, ela precisa estar sempre em ordem. Além disso, tem de ser confortável, porque é nela que você descansa seu corpo. Peça que sua mãe ou outro adulto verifique se seu colchão é adequado ao peso de seu corpo. Isso é importante para evitar que você tenha dores e futuros problemas na coluna.

Arrume a cama todos os dias, de preferência antes de ir para a escola. Para isso, observe as dicas seguintes:

1. Mantenha os lençóis e as fronhas sempre limpos, e os cobertores e edredons bem arejados.
2. Estique bem o lençol e a colcha ou o edredom, para que a superfície da cama fique lisa. Ajeite o travesseiro e as almofadas, se houver.
3. Dobre os cobertores e coloque-os no pé da cama ou dentro do guarda-roupa.
4. Dobre o pijama e coloque debaixo do travesseiro ou dentro da fronha. Assim, vai encontrá-lo facilmente na hora de dormir.

Seu guarda-roupa

Você precisa usar mapa e bússola para achar uma blusa ou camiseta toda vez que vai sair de casa? Então, seu guarda-roupa precisa ser mais prático.

Por isso, antes de começar a organizá-lo, pense no seguinte:

- Seu guarda-roupa é pequeno ou só está desorganizado?
- Você acha que consegue guardar nele, de modo organizado, tudo o que possui?
- Há alguma outra coisa ocupando o espaço que deveria ser das roupas?

Após analisar esses aspectos, pegue novamente a câmera fotográfica ou o celular e tire fotos de seu guarda-roupa (prateleiras, gavetas, cabides) como está hoje. Guarde as fotografias com você ou mostre-as para os seus colegas, se quiser. Depois, quando o guarda-roupa estiver arrumado, tire outras fotos e compare com as primeiras. Aqui você pode repetir as fotografias do antes e depois

Ao começar a arrumar seu guarda-roupa, não o esvazie de uma vez. Se fizer isso, você pode se sentir desanimado e criar uma bagunça ainda maior. Chame um amigo para ajudá-lo na arrumação. Depois, marque um dia para retribuir o favor. Vocês vão dar muitas risadas e encontrar itens de que nem se lembravam mais. Como sugestão, ouçam música enquanto fazem o trabalho; a tarefa ficará mais divertida!

Comece pelas gavetas. É a parte mais rápida de organizar e vai fazer você se lembrar de como é bom ter tudo no devido lugar. Para isso, siga o passo a passo abaixo.

1. Se em seu quarto não houver cômoda, reserve a primeira gaveta do guarda-roupa para as miudezas: bijuterias, acessórios para cabelo, óculos, relógios, entre outros.

2. Reserve outra gaveta para as peças pequenas, como calcinhas, cuecas, sutiãs e meias. Se seu guarda-roupa tiver várias gavetas, separe uma delas para as meias e outras para as demais peças. Se for pequeno, coloque tudo na mesma gaveta. Lembre-se sempre do primeiro S: separe as peças que estão usadas demais, rasgadas, sem elásticos ou de que você não gosta e dê outro destino a elas, como doação ou descarte.

3. Os pares de meias podem ser enrolados e guardados na forma de bolinhas para otimizar o espaço da gaveta. Faça rolinhos também com as calcinhas e as cuecas, e guarde-as separadas por grupos de cores. Assim você vai facilitar sua vida na hora de escolher uma peça e também deixar sua gaveta com um visual mais agradável.

4. Reserve outra gaveta para o uniforme do colégio, a roupa de ginástica, entre outros itens.

Agora que as gavetas já estão organizadas, vamos pensar no guarda-roupa como um todo.

1. Esvazie-o e separe as peças: roupas sem botões, descosturadas, sem zíperes, entre outras, devem ser guardadas em um saco, rotulado "roupas para conserto". Peça que um adulto leve essas roupas para uma costureira. Roupas que não lhe servem mais, que estão usadas demais ou que estão somente ocupando espaço devem ir para um saco rotulado "doações" ou para um rotulado "descarte", dependendo do estado delas.

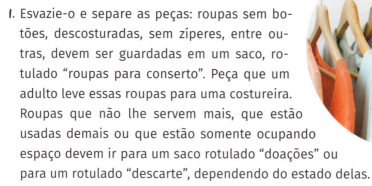

2. Agora que já realizamos o primeiro S (descarte), vamos para o terceiro (limpeza). Aproveite que seu guarda-roupa está vazio e passe um pano úmido dentro dele, para tirar o pó. Em seguida, volte para o segundo S (ordenação).

3. Dobre todas as camisetas do mesmo tamanho ou, se o espaço reservado para elas for pequeno, faça rolinhos. Se tiver gavetas sobrando, guarde-as em uma delas. Caso contrário, coloque-as em uma prateleira do guarda-roupa. Separe as camisetas por cor e guarde-as da mais clara para a mais escura, ou o contrário. Assim ficará mais fácil encontrá-las. As blusinhas (de alça, frente-única e tomara que caia) podem ser guardadas da mesma forma que as camisetas.

4. *Shorts* e saias devem ser dobrados e postos em prateleiras.

5. As peças que você costuma usar no dia a dia devem ficar nas prateleiras superiores, ao passo que aquelas que você usa para sair devem ficar nas inferiores.

Sugestão: o saco de doações pode ser levado a um orfanato por um adulto e entregue diretamente às crianças. Se puder, vá junto. É muito bom ver que aquilo que não nos serve mais pode ser útil a outras pessoas.

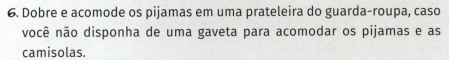

6. Dobre e acomode os pijamas em uma prateleira do guarda-roupa, caso você não disponha de uma gaveta para acomodar os pijamas e as camisolas.
7. As demais peças de roupa (vestidos, camisas, casacos, entre outros) podem ser penduradas em cabides.
8. As calças compridas podem ser colocadas em cabides especiais. Nesse caso, separe-as por tipo. Alguns guarda-roupas já vêm com esses cabides presos à estrutura, o que facilita a arrumação.
9. Antes de organizar seus sapatos e tênis no guarda-roupa, lembre-se de separar aqueles que não estão em bom estado e descartá-los. Os calçados que você não usa mais (ou porque não gosta deles, ou porque não lhe servem mais) também podem ser doados. Verifique se os tênis estão limpos; caso contrário, lave-os antes de guardá-los. Feita a separação, organize os calçados dentro do guarda-roupa, sempre na prateleira inferior.
10. Separe os calçados por tipo: tênis, sapatos, chinelos, sandálias, entre outros. Deixe na caixa, mais no fundo do guarda-roupa, somente os calçados que você usa pouco ou em ocasiões especiais. Aqueles que você usa regularmente devem ficar fora da caixa; assim, será mais fácil encontrá-los na hora de ir para a escola, de praticar esportes ou de passear.
11. Bolsas e mochilas devem ficar penduradas em mancebos com cabides. Você pode colocar o mancebo no canto do seu quarto ou, se não houver espaço, pendurá-lo na parede atrás da porta.

Guardando outros objetos

Agora que seu guarda-roupa já está arrumado, é hora de organizar outros objetos, como jogos, livros, CDs e DVDs.

Talvez você demore um pouco mais para fazer essa arrumação. Não porque nesse caso a tarefa seja mais difícil, mas porque, provavelmente, você não vê alguns desses objetos há um tempo e vai querer manuseá-los um pouco.

Como, porém, o tempo também precisa ser organizado, vamos combinar uma coisa: primeiro você arruma tudo e depois fica livre para fazer o que quiser. Vamos lá, mãos à obra!

Para organizar esses objetos, você vai precisar pedir que seus pais ou um adulto providenciem uma estante com prateleiras e caixas de plástico de tipos variados: pequenas, médias, coloridas, entre outras.

1. Jogos como Banco Imobiliário®, War®, Detetive®, entre outros, devem ser guardados em caixas grandes.
2. Use as prateleiras superiores da estante para guardar seus livros. Coloque-os na vertical e, se possível, disponha os títulos em ordem alfabética. Assim vai ficar mais fácil encontrar o volume que você está procurando.

Caso não seja possível ter uma estante, faça a mesma organização nas caixas e coloque-as em prateleiras suspensas.

Lembrete

- Seu quarto é sua responsabilidade. Você é a pessoa que mais o utiliza, então precisa zelar por ele. Caso divida o quarto com um ou mais irmãos, converse com ele(s) para combinarem de manter o quarto sempre organizado. Isso vai melhorar muito a divisão das tarefas e tornar a rotina mais fácil.
- A organização do restante da casa normalmente fica por conta de algum adulto, mas isso não quer dizer que você não possa ajudar. É simples: apenas não desarrume aquilo que está arrumado nem desorganize aquilo que está organizado.

  Você pode contribuir para o bem-estar geral da casa com atitudes simples, como não deixar o copo em que tomou o suco na mesinha da sala; não deixar a toalha de banho molhada no banheiro; dar uma força para quem está arrumando a cozinha enxugando a louça, por exemplo. Viu como são atitudes simples, mas que fazem a diferença?

Sua mala de viagem

Na hora de viajar, você pode ajudar seus pais arrumando a própria mala. Antes de começar, faça uma lista de tudo o que vai precisar. Ela deve ser preparada antes e depois da viagem, para que você não se esqueça de nada nem na ida nem na volta.

Veja o passo a passo da arrumação da mala.

1. Primeiro coloque na mala as peças mais pesadas: sapatos, toalhas, casacos, entre outros itens.
2. Os sapatos devem ser embalados em saquinhos de tecido ou de plástico, para que fiquem protegidos e não danifiquem as roupas. Eles devem ser postos sempre perto das rodinhas ou no fundo da mala (se for mala de carregar).
3. Para economizar espaço na mala, peças pequenas, como bijuterias, acessórios para cabelo, sungas e biquínis, podem ser postas em saquinhos e guardadas dentro dos sapatos.
4. Cuecas, calcinhas e meias devem ser guardadas em saquinhos de tecido ou de plástico, para que sejam encontradas facilmente.
5. Peças de roupa pequenas e que não amassam (camisetas, blusinhas, *shorts*, vestidos, entre outras) podem ser enroladas e postas nos cantos da mala.
6. Peças maiores e que amassam devem ser dobradas até atingirem um tamanho mínimo e colocadas por cima das outras roupas.
7. Sempre carregue saquinhos de tecido ou de plástico para guardar a roupa suja.
Não se esqueça de pôr as roupas molhadas separadas das demais e acondicionadas em sacos plásticos. Leve, no mínimo, duas peças de roupa para cada dia de viagem.

8. Não se esqueça de colocar na mala seu *nécessaire* com pasta e escova de dentes, fio dental, saboneteira, xampu e condicionador. Se forem maiores que o *nécessaire*, as embalagens desses itens deverão ser acondicionadas em um saco plástico, para não danificar as roupas em caso de vazamento.

Dica: algumas perfumarias vendem pequenos frascos para xampu e condicionador, que cabem perfeitamente no *nécessaire* ou no bolso com zíper da mala.

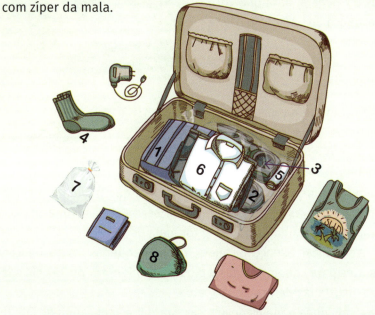

Agora que você já aprendeu a organizar seu quarto, faça a atividade.

Atividade

Compare as fotos do "antes" (quarto bagunçado) e "depois" (quarto arrumado).

Depois, mostre-as a um amigo e às pessoas com quem você mora.

Converse com eles sobre o que mudou após a organização e solicite a opinião deles sobre o que ainda pode ser melhorado.

8 Organizando os valores

Você sabe o que são valores?

São características de uma pessoa que determinam a forma como ela se comporta e interage com os demais.

O ato de proporcionar um ambiente com base em valores facilita nossa vida, tornando-a bem mais agradável e feliz.

Não basta somente ouvir falar de valores; para aprender seu significado, devemos experimentá-los e incorporá-los em nosso dia a dia. Assim, veremos os efeitos de nossos comportamentos e de nossas escolhas para sermos capazes de tomar decisões conscientes.

O Unicef[2] considera doze valores-chave na vida de uma pessoa: paz, respeito, amor, cooperação, liberdade, felicidade, honestidade, humildade, responsabilidade, simplicidade, tolerância e união.

Neste capítulo, vamos refletir sobre os três primeiros.

Paz

Experimentar a paz para o "eu" é apreciar a paz, ficar alguns instantes em silêncio e desfrutar esses momentos; concentrar-se, escrever um poema, organizar soluções de conflitos.

---

[2] O Fundo das Nações Unidas para a Infância (Unicef) é um órgão das Nações Unidas que tem como objetivo promover a defesa dos direitos das crianças, ajudar a dar resposta às necessidades delas e contribuir para seu desenvolvimento.

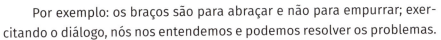

Por exemplo: os braços são para abraçar e não para empurrar; exercitando o diálogo, nós nos entendemos e podemos resolver os problemas.

Paz é estar em silêncio interior, ter bons sentimentos, dar-se bem com o outro, não discutir e não agredir, ter pensamentos positivos. A paz começa no interior de cada pessoa.

Para reflexão

O que é a paz para você? Como imagina um mundo pacífico? Que tal fazer um relaxamento? Qual é a sensação de ficar em silêncio? Quando você se sente mais pacífico(a)? Se a paz pudesse ser representada por uma cor, de que cor ela seria?

Atividade

Experimente como é a sensação de paz, desenhe ou escreva sobre ela. Imagine um mundo pacífico e expresse suas ideias por meio de palavras, de um desenho ou de uma pequena peça de teatro.

Participe de um bate-papo sobre como as pessoas se sentem quando são magoadas. Você também pode expressar seus sentimentos.

Respeito

Respeitar é sentir-se bem, é saber que cada pessoa é única e valiosa, é valorizar-se. Significa saber que cada um é amável e capaz, é ter autoestima, é saber ouvir os outros e tratar bem os semelhantes.

Para reflexão

Que tal ter outro olhar para aquele(a) amigo(a) do(a) qual, muitas vezes, só se enxergam os defeitos? Pare para pensar e observe suas qualidades. Assim, você vai respeitá-lo(a), pensando que todas as pessoas possuem qualidades e pontos a desenvolver.

"Todos no mundo têm o direito de viver com respeito e dignidade, inclusive eu. Parte do respeito é saber que faço a diferença. E sei escutar o outro."

Atividade

Respeito é ter consideração por si mesmo(a), reconhecendo os próprios limites? Escreva sobre isso.

Descreva cinco qualidades suas.

Se pudesse aconselhar outro adolescente, como você sugeriria que ele tratasse as outras pessoas?

Amor

Amar é cuidar, é repartir, é ser gentil, é querer bem aos outros. Amar nos dá segurança. Amar também é compartilhar.

O amor é o sentimento que torna nossos relacionamentos melhores.

Eu posso ter amor-próprio, bem como amar minha família, meus amigos, meu país, entre outros exemplos.

O amor melhora nossos relacionamentos.

Para reflexão

Pense em situações em que se sente muito amado(a). De que maneira é possível doar amor? Consegue se lembrar de um momento em que você deu amor e isso foi recíproco?

O que acontece quando ajudamos alguém? Como se sente quando precisa de algo e alguém o(a) ajuda?

Atividade

Escreva ou ilustre atitudes de amor e carinho que você pode ter consigo mesmo(a).

Para reflexão

Amar é ser um amigo confiável. O que isso significa? Quais são as qualidades que esperamos em um amigo? O que faz que um amigo seja confiável? Como você demonstra que é um amigo em que todos podem confiar?

9 Organizando as emoções

Organizar as emoções é poder pensar. Melhor ainda, poder pensar longe das fantasias e ficar mais próximo da realidade. Organizar tudo aquilo que está fora do lugar, no quarto, na mochila, nos horários, entre outros exemplos, faz que você também organize melhor sua mente, cresça e se desenvolva emocionalmente.

Quando ficamos confusos com tantas coisas, com tanta bagunça em nossa vida, nossos pensamentos também se tornam desordenados; em consequência, acabamos por refletir nossa bagunça em nossas emoções.

Nossa mente funciona como uma enorme biblioteca na qual estão arquivadas todas as informações de nossa vida. Cada pessoa possui sua estante mental particular, e os "livros" que estão nessa estante estão carregados de interpretações pessoais.

Você pode mudar sua forma de pensar, de sentir e de agir

Para mudar sua maneira de pensar, sentir e agir, você precisa tentar compreender quais pensamentos e quais atitudes estão originando o que você está sentindo.

Esse simples exercício mental pode fazer a diferença em sua vida, e você pode aprender a colocá-lo em prática "aqui e agora".

Para ressaltar a importância da relação entre pensamento e sentimento, vamos imaginar as várias formas de reagir a um elogio. Suponha que alguém lhe diga, por exemplo: "Gosto muito de você. Acho que você é uma boa pessoa". Como você reagiria?

Algumas pessoas ficariam felizes, enquanto outras se sentiriam tristes e culpadas. Algumas ficariam envergonhadas, outras reagiriam com irritação.

Qual é a explicação para essa variedade de reações?

Há várias formas de interpretar um elogio:

1. "Ele(a) está me dizendo isso para eu me sentir melhor. Só está sendo gentil".
2. "Ele(a) só está tentando conseguir algo de mim. Por que não é mais honesto(a) e abre o jogo comigo?"
3. "Puxa, ele(a) gosta de mim. Que ótimo!"

Em cada um dos exemplos, o elemento externo (o elogio) é o mesmo. É a interpretação das frases que vai conduzir a emoções diferentes.

Nesse caso, a pessoa que interpretou o elogio como 1, provavelmente, se sentirá triste. Quem o interpretou como 2, talvez, ficará irritado(a). Já a pessoa que interpretou o elogio como 3 vai se sentir bem. Como pode notar, certo tipo de pensamento gera determinado tipo de sentimento.

O oposto – quando algo ruim acontece – funciona da mesma forma. Suponha que alguém de quem você gosta muito lhe faça uma crítica. Como você vai se sentir?

1. Se pensar que está realmente errado(a), você vai se sentir culpado(a), inadequado(a).
2. Se considerar que essa pessoa o(a) está desvalorizando e vai passar a rejeitá-lo(a), vai ficar ansioso(a) e preocupado(a).
3. Se julgar que é tudo culpa da outra pessoa e ninguém tem o direito de cometer tal injustiça, vai ficar com raiva.
4. Se, porém, sua autoestima for boa, provavelmente vai ficar curioso(a) para saber o que a pessoa que o(a) criticou está pensando e sentindo.

Como pôde perceber, sua reação dependerá do que pensa a respeito da crítica. A mensagem que vai emitir para seu inconsciente terá um enorme impacto sobre suas emoções. Portanto, aprendendo a mudar seus pensamentos, você poderá modificar sua maneira de sentir e de agir.

Essa abordagem é denominada Terapia Cognitiva Comportamental, pois você pode aprender a mudar seu modo de pensar, de sentir e de agir. Ela tem auxiliado muitas pessoas a cuidarem melhor de suas emoções em casa, com a família, na escola e com os amigos. Também pode ajudar você.

No entanto, isso nem sempre é fácil. Algumas vezes, são necessários um esforço considerável e muita persistência para evitar o mau humor, mas você pode conseguir.

As técnicas dessa abordagem são práticas e direcionadas, e você pode fazê-las funcionar em seu favor.

A cognição é um pensamento. Você já deve ter percebido que, quando está deprimido(a) ou ansioso(a), encara tudo a sua volta de forma pessimista.

Quando pensa: "Para que me levantar da cama?", por exemplo, sente-se desencorajado para enfrentar seus afazeres naquele dia. Quando pensa que não tem nada divertido nem interessante a dizer em uma reunião

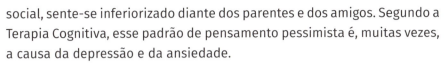

social, sente-se inferiorizado diante dos parentes e dos amigos. Segundo a Terapia Cognitiva, esse padrão de pensamento pessimista é, muitas vezes, a causa da depressão e da ansiedade.

Quando pensa em seus problemas de maneira mais positiva e realista, você acaba elevando sua autoestima e sua autoconfiança.

Atividade

Agora você pode organizar seus pensamentos, seus sentimentos e suas ações.

Lembre-se de uma situação que você viveu ou vive e identifique seus pensamentos, sentimentos e ações (comportamento).

Situação (problema)	Pensamentos	Sentimentos	Ações (comportamento)

Parando agora para pensar nessa situação e organizando melhor suas emoções, reveja sua forma de agir, identificando as vantagens e as desvantagens de suas ações.

Vantagens	Desvantagens

Assim, organizando melhor os sentimentos, você descobriu uma nova forma de resolver seus problemas e se sentirá mais feliz na escola, em casa ou com seus amigos.

A terapia

A terapia é um processo de reaprendizado de vida em que trabalhamos o autoconhecimento e como melhorar nossa relação com as outras pessoas.

Com esse tratamento, passamos a nos conhecer melhor e a ordenar as emoções e os pensamentos. Ela nos ajuda a atingir um estado de felicidade para conosco e com nossa vida, a despeito dos problemas do dia a dia.

O abraço

Ao longo do tempo, as pessoas perderam o hábito de se abraçar e transformaram em rotina o "oi", o aperto de mãos, o beijo no rosto. Mas nenhum desses cumprimentos possui a mesma intensidade de um abraço.

O ato de abraçar é uma demonstração de amizade, de acolhimento, de ligação, de fusão e união. Pode ser uma forma de cumprimento, de solidariedade, de confraternização, ou, ainda, um modo de comemorar um dia bem-sucedido, de desejar um bom dia, de celebrar a vida.

Ora, se o abraço pode significar tudo isso, por que não transmitir esses sentimentos e desejos à outra pessoa?

Mas lembre-se: o abraço precisa ser espontâneo, não impositivo. Deve ser trocado com pessoas muito próximas, com as quais você convive e se sente à vontade.

O abraço permite que compartilhemos sentimentos, carências, fraquezas e fragilidades, egoísmos, frustrações, conquistas, saúde, felicidade e amor. Quantas vezes abraçamos alguém de fato? Com que frequência você abraça seu pai, sua mãe, seus irmãos, seus amigos e seus professores? O que você sentiu quando alguém o(a) abraçou?

Você já pensou em quanto um abraço pode fazer bem a um idoso, por exemplo, seu avô ou sua avó?

Há vários tipos de abraço:

- **Abraço superficial:** é aquele dado de maneira casual, em geral por colegas de trabalho ou conhecidos.
- **Abraço de urso:** é um abraço apertado, dado com vontade. Quando verdadeiro, é capaz de reconfortar qualquer pessoa, independentemente da situação.
- **Abraço caloroso:** costuma durar um pouco mais que os outros e demonstra, sobretudo, carinho e afeto.
- **Abraço relâmpago:** quando menos se espera, ele acontece. Normalmente, esse tipo de abraço é dado por impulso.
- **Abraço em grupo:** realizado com frequência nas escolas, faculdades e universidades. Revela coerência e confiança mútua.

Convide alguns amigos para praticar os tipos de abraço. Comece pelo abraço artificial e vá para o abraço de urso, o caloroso e o relâmpago. Finalize com um grande abraço em grupo.

Exercite o hábito do abraço! Permita-se ser abraçado(a)!

10. Você mexeu em sua bagunça?

Certamente, você já consegue perceber que mexer em sua bagunça não significa mudar sua vida para pior – ao contrário! Fazer isso vai ajudá-lo(a) a tornar seu dia a dia mais tranquilo, a usufruir seu espaço e seu tempo de modo prazeroso e alegre.

Registre nas linhas seguintes o que lhe significou a experiência de aprender a organizar seus pertences. Escreva sobre os itens em que teve mais dificuldade e como esse trabalho mudou seu dia a dia. Relate também o que não conseguiu pôr em prática.

Você está convidado(a) a dividir conosco suas dúvidas e suas conquistas na organização de sua vida.

Entre em contato conosco pelo *e-mail*:
quemmexeunaminhabagunca@hotmail.com

Visite nosso *blog*:
quemmexeunaminhabagunca.blogspot.com

Estamos também nas redes sociais:
Facebook

Linkedin

Referências

AMORIM, Rita de Cássia Sá; GODOY, Maria H. P. C. *A mochila e o 5S*. 4. ed. Nova Lima: Indg Tecnologia e Serviços, 2001.

BAÉRE, Jurema de; RAMOS, Kátia. *Vida dinâmica*. São Paulo: Sttima, 2001.

BARION, Ana Claudia. *Entendendo a psicoterapia*. Campinas: Livro Pleno, 2003.

CONHEÇA DICAS DE COMPORTAMENTO NAS REDES SOCIAIS PARA EVITAR PROBLEMAS E GAFES. *Uol Notícias*, [s.d.]. Disponível em: <http://tecnologia.uol.com.br/album/dicas_comportamento_redes_sociais_album.htm#fotoNav=11>. Acesso em: jul. 2016.

COSTA, Roseane. M. C.; PENA, Solange M. N.; BOSCHI, Celisa M. *Como praticar os 5S na escola*. Belo Horizonte: QFCO, 1996.

D'AQUINO, Cássia. *Ganhei um dinheirinho:* o que posso fazer com ele? São Paulo: Moderna, 2010.

DOMINGOS, Reinaldo. *O menino do dinheiro*. São Paulo: Gente, 2008.

FERRAZ, Fernando. *Manual do abraço:* abraçar, uma questão de atitude. São Paulo: Scortecci, 2008.

FLEURY, Luciana. Como ajudar na pesquisa escolar? Dicas de como orientar seu filho a produzir um trabalho de pesquisa de qualidade. *Educar para Crescer*, 2015. Disponível em: <http://educarparacrescer.abril.com.br/aprendizagem/como-aju-darpesquisa-escolar-736671.shtml>. Acesso em: jul. 2016.

GODOY, Maria Helena P. Coelho de; AMORIM, Rita de Cássia S. *A mochila e o 5S*. Belo Horizonte: QFCO, 1997.

KEATING, Kathleen. *A terapia do abraço*. Tradução de Paulo Rebouças. 5. ed. São Paulo: Pensamento, 2010.

NOVAK, Jamie. *1.000 melhores segredos rápidos e fáceis para você se organizar*. São Paulo: Arx, 2007.

PIAZZI, Pierluigi. *Aprendendo inteligência*. São Paulo: Aleph, 2008. v. 1.

SAYEG, Fabiana. O mapa da pesquisa confiável na internet: um guia para fugir das ciladas e encontrar informação relevante no universo virtual. *Educar para Crescer*, 2011. Disponível em: <http://educarparacrescer.abril.com.br/aprendizagem/mapa- pesquisa-confiavel-internet-636261.shtml>. Acesso em: jul. 2016.

SCHLENGER, Sunny; ROESCH, Roberta. *Organize-se!* São Paulo: Harbra, 1992.

TILLMAN, Diane. *Atividades com valores para estudantes de 7 a 14 anos*. São Paulo: Brahma Kumaris, 2001. (Vivendo Valores na Educação).

_____; HSU, Diana. *Atividades com valores para crianças de 3 a 6 anos*. 2. ed. São Paulo: Brahma Kumaris, 2002. (Vivendo Valores na Educação).

VIVENDO VALORES: um manual. 6. ed. São Paulo: Brahma Kumaris, 2005.

Anotações